CONSULTORIA ESPECIALIZADA E ESTRATÉGIAS DE TRADE DE FOREX

Leve Sua Consultoria Especializada e Trade de Forex

Para o Próximo Nível

WAYNE WALKER

ÍNDICE

INTRODUÇÃO

Este livro expandirá seu conhecimento de trade à medida que mergulharmos profundamente no mundo do trade programado e das estratégias avançadas tanto para forex como para ações. O objetivo de meus textos é fornecer a você informações práticas e úteis de trade. Não há histórias fantásticas e inacreditáveis que muitas vezes é o que você e outros leitores encontrarão na literatura financeira. Prefiro compartilhar coisas interessantes que experimentei enquanto negociava e fornecer uma visão de como as coisas realmente funcionam.

Como investidor ou trader, em algum momento você se deparará com postagens online que declaram "a melhor nova estratégia". Você também encontrará artigos de pesquisa e livros explicando os retornos médios de várias estratégias e fornecendo estatísticas sobre elas. Agora, e se você se perguntar: "eles funcionam?" e então você começa o processo de teste. Como trader, é importante saber como os resultados simulados são calculados e você também precisará que eles sejam o mais precisos possível. Vamos proceder para testar algumas estratégias e sistemas de negociação diferentes.

O formato dos três primeiros capítulos está na forma de uma aventura de trade onde uma estratégia será introduzida, testada e finalmente refinada.

CAPÍTULO 1:
A ANOMALIA DO DIA DA SEMANA

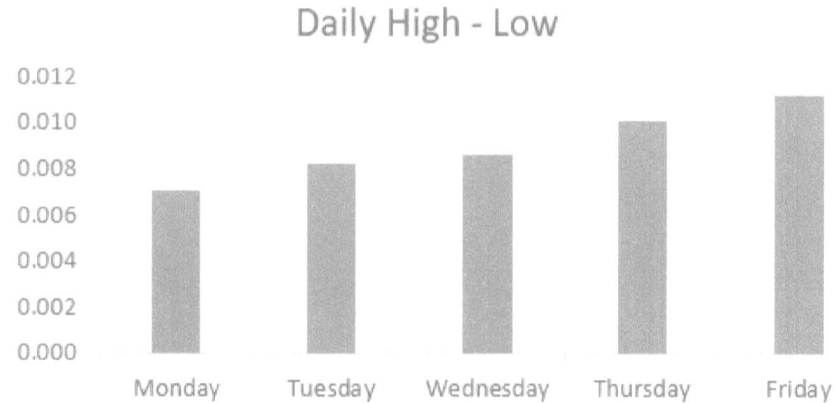

Pesquisas demonstraram que as ações e outros mercados tendem a se mover mais às sextas-feiras do que às segundas-feiras. Para testar isso, temos dados anteriores de 2001-2016. Usaremos uma divisão de aproximadamente 80/20 onde 80% estarão em amostra e o restante fora de amostra.

Nota: Na Amostra - Fora da Amostra: São as estatísticas que falam, o que na maioria dos casos significa "usar dados passados para fazer previsões do futuro". "Na amostra" refere-se aos dados que você tem e "fora da amostra" aos dados que você não tem, mas quer fazer previsões ou estimativas.

O Sinal

Para começar, temos a questão do horário de verão, o que exige que compensemos as configurações de horário. O Forex é o principal mercado para nosso teste. Houve um pequeno debate sobre qual hora do dia seria ideal para o trade, caso nos ativéssemos ao fechamento da sessão europeia, de Nova Iorque ou asiática. Para manter as coisas relativamente simples, compraremos apenas na abertura do dia e manteremos as posições até a abertura do dia seguinte.

O efeito do dia da semana para sexta-feira, compramos na sexta-feira 00:00 e vendemos na segunda-feira 00:00. Isto obriga que levemos em conta o gap (fim de semana), mas não o consideramos um grande problema. O tempo também não deve ser um fator significativo, pois os desencadeadores da volatilidade real são quando o mercado está aberto. Portanto, se não fecharmos na sexta-feira à noite, mas esperarmos até segunda-feira, isso não terá um impacto perceptível, pois o mercado não se move quando está fechado.

Dados

Nosso período de tempo dentro da amostra é 01.01.2001–31.12.2011 e fora do período de tempo da amostra é 01.01.2012–01.06.2016. O instrumento que iremos negociar é o EURUSD.

Estratégia Básica

Começaremos apenas com a estratégia básica sem qualquer mudança de parâmetros. A estratégia é comprar no primeiro tick depois de 00:00 de sexta-feira e vender o primeiro movimento de preço na segunda-feira (00:00). Tivemos alguns problemas com o horário devido ao horário de verão, portanto decidimos comprar apenas no primeiro tick da sexta-feira. Isto é algo diferente do que foi fornecido por estudos anteriores usando Excel ou qualquer outro programa que mede a mudança de preço médio do dia de abertura para o dia de fechamento (dia seguinte de abertura). Estamos usando dados de tick e um simulador que está simulando o ambiente real de negociação para obter nosso resultado o mais preciso possível.

Nota: Tick: Um tick é uma medida do movimento mínimo para cima ou para baixo no preço de um título. Um tick também pode se referir à mudança no preço de um título de trade para trade.

Primeiros Resultados

Para começar, não incluímos nenhum stop-loss ou take profit, apenas o executamos. Também não fizemos nenhum outro ajuste na estratégia, nosso período de testes foi de 01.01-2005 a 26.08.2016.

Os resultados foram os seguintes:

Results	
Average profi	-1.57
Sum profit	-897.84
Winning trade	297
Total trades	572
Standard dev	96.55
Relnumber	-0.39

Eles foram decepcionantes, o lucro total foi de -897. Claramente, a estratégia básica está precisando de alguns aperfeiçoamentos para melhorar nossos resultados.

Adicionando Filtro de Tendências de Média Móvel Exponencial

Aplicamos o filtro de tendência 20 EMA, 60 EMA, e 100 EMA. Uma média móvel exponencial (EMA) é um tipo de média móvel que é semelhante a uma média móvel simples, exceto que é dado mais peso aos dados mais recentes. Também é conhecida como a Média Móvel Exponencialmente Ponderada. Este tipo de média móvel reage mais rapidamente às recentes mudanças de preços do que uma Média Móvel Simples. Para alguns, isto pode parecer aleatório, mas este filtro foi escolhido por causa do número de dias que ele conta.

20 EMA = 20 dias de trade em um mês
60 EMA = 60 dias de trade equivalem a três meses
100 EMA = 100 dias de trade equivalem a cinco meses

Filtro de tendências: 20EMA>60EMA>100EMA

O gráfico ilustra este filtro de tendências:

Você pode ver que só abre trades quando o 20 EMA (em verde) está acima de 60 EMA (em amarelo) e 60 EMA está acima de 100 EMA (em vermelho). Eu poderia ter usado apenas 20 EMA>100 EMA, mas isso teria tido mais volatilidade ou sinais de entrada falsos. Eu queria que tanto a longo prazo (60 EMA>100 EMA) quanto a curto prazo (20 EMA>60 EMA) tivessem tendência a subir.

Obtivemos os seguintes resultados:

	Average profit	Sum profit	Winning trade	Total trades	Standard dev	Relnumber
The Basic Strategy	-2	-898	297	572	97	-0.39
20EMA>60EMA>100EMA	6	1832	178	322	86	1.19
20EMA<60EMA<100EMA	-12	-1831	68	147	103	-1.47

Para comparar dois ou mais sistemas, não basta examinar apenas os lucros. Isto porque o lucro é apenas um dos indicadores. O que é igualmente importante é o número de negócios e a volatilidade. Não faz sentido ter um sistema com apenas uma grande ou poucas operações lucrativas e muitas perdas. Essas poucas operações lucrativas poderiam ser aleatórias, poderiam ser um Cisne Negro que muito provavelmente não se repetirá no futuro, portanto, não queremos muita variação. A fórmula para este termo é:

$$Rel = \frac{\text{Average profit}}{\text{Standard deviation of profit}} * \sqrt{\text{\# of trades}}$$

Normalmente, pode-se esperar melhores retornos de uma estratégia com muitos trades do que uma com apenas alguns poucos. Para resumir, quanto maior o número de Rel, melhor o sistema de negociação.

Uma coisa que podemos concluir é que, aplicando o filtro para a tendência de alta, temos melhores retornos do que a estratégia básica. A outra é que esta estratégia funciona melhor no mercado de tendência de alta do que na de baixa, tivemos retornos negativos em um mercado de baixa. Tivemos um maior número de Rel com um filtro de tendência.

Filtro de Volatilidade

Nossa opinião é que a volatilidade também é um indicador importante. A volatilidade está em constante mudança, portanto, a comparação da volatilidade recente também fará sentido. Vamos comparar o intervalo médio de 10 dias com o intervalo médio de 1 dia. Isto nos permitirá ver o excesso de volatilidade e o oposto. Usar estas configurações é o mesmo que dizer a volatilidade de hoje em comparação com a volatilidade média dos últimos 10 dias de negociação (duas semanas).

Obtivemos os seguintes resultados:

	Average profit	Sum profit	Winning trade	Total trades	Standard dev	Relnumber
The Basic Strategy	-2	-898	297	572	97	-0.39
20EMA>60EMA>100EMA	6	1832	178	322	86	1.19
20EMA<60EMA<100EMA	-12	-1831	68	147	103	-1.47
ATR(1)>ATR(10)	-2	-356.74	73	143	82	-0.4
ATR(1)<ATR(10)	12	2188.62	105	179	88	1.9

Os resultados mostraram que o **excesso de volatilidade** nas quintas-feiras destrói esta estratégia, ou seja, se o intervalo na quinta-feira anterior estiver acima da volatilidade das duas últimas semanas, é ruim para a estratégia. Entretanto, se o contrário for verdade, o intervalo é inferior ao intervalo médio dos últimos dez dias, ganharemos dinheiro com esta estratégia. Se você não o conseguir imediatamente, ele se tornará mais claro. Por enquanto, saiba apenas que é claro que esta estratégia funciona bem quando há uma **tendência de alta** e a **volatilidade é menor** do que nas duas semanas anteriores. Como investidor ou trader, você comprará quando vir que o EURUSD está em tendência de alta tanto a curto como a longo prazo. Vimos também que melhoramos o número de Rel, fizemos menos negócios, mas aumentamos os lucros. Uma diminuição na volatilidade aumentou nosso número de Rel, o que é bom. Lembre-se que não queremos apostar, só queremos negociar quando for apropriado. Nosso número de Rel melhorou de 1,19 para 1,9.

Apostar ou Investir com Risco Calculado = Stop-loss!

Eu, pessoalmente, evito o trade sem um stop-loss (parada de perda), preciso saber o que estou arriscando em cada trade em particular. Usando minha fórmula pessoal, imaginei que o stop-loss certo para esta estratégia é de 50 pips. Os resultados:

A introdução de stop-loss diminui a volatilidade. Você pode ver que nós melhoramos o número de Rel e diminuímos o número de trades vencedores. O aumento do número de Rel significa que houve diversos trades que se moveram mais de 50 pips contra nós antes de entrarem novamente em lucros. Para mim, isto é semelhante às apostas, eu preferiria excluir tais trades e estabelecer um stop-loss em 50 pips.

Dimensionamento de Posição e % Fixa Por Trade

Você já executou um trade sem considerar que se você perder acima de uma porcentagem fixa de seu patrimônio, você deve fechar o trade? No trade isto não é recomendado, eu nunca abro uma negociação sem calcular o risco. Vamos agora passar para o conceito de uma porcentagem fixa de negociação. Aqui é onde o tamanho do lote será uma função de nosso stop-loss e uma tolerância ao risco de 1%. Você assume mais riscos quando seu patrimônio aumenta e assume menos quando seu patrimônio diminui.

Com o dimensionamento da posição, aumentamos nosso lucro geral, mas também aumentamos a volatilidade em nossa curva patrimonial, de modo que nosso número de Rel diminuiu um pouco. Eu preferiria incluir o dimensionamento da posição do que depender de um número de Rel mais alto.

	Average profit	Sum profit	Winning trade	Total trades	Standard dev	Relnumber
The Basic Strategy	-2	-898	297	572	97	-0.39
20EMA>60EMA>100EMA	6	1832	178	322	86	1.19
20EMA<60EMA<100EMA	-12	-1831	68	147	103	-1.47
ATR(1)>ATR(10)	-2	-356.74	73	143	82	-0.4
ATR(1)<ATR(10)	12	2188.62	105	179	88	1.9
50 pips SL	11	2024.08	87	179	66	2.3
Position sizing	**13**	**2280**	**85**	**179**	**77**	**2.22**

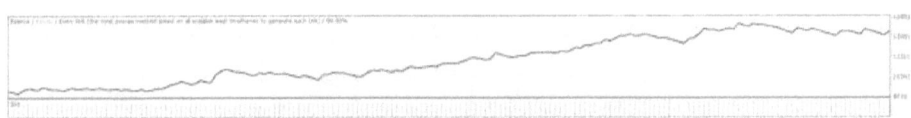

Curva de equidade em amostra com dimensionamento de posição

Teste de Fora da Amostra

Fizemos um teste fora da amostra no período 01.01.2012–01.08.2016

	Average profit	Sum profit	Winning trade	Total trades	Standard dev	Relnumber
The Basic Strategy	-2	-898	297	572	97	-0.39
20EMA>60EMA>100EMA	6	1832	178	322	86	1.19
20EMA<60EMA<100EMA	-12	-1831	68	147	103	-1.47
ATR(1)>ATR(10)	-2	-356.74	73	143	82	-0.4
ATR(1)<ATR(10)	12	2188.62	105	179	88	1.9
50 pips SL	11	2024.08	87	179	66	2.3
Position sizing	13	2280	85	179	77	2.22
Out of sample	5	189	19	37	49	1

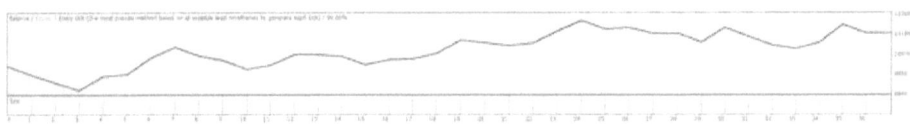

Curva de equidade fora da amostra

Os resultados não foram tão promissores, obtivemos um lucro total de 189, o capital inicial foi de 10.000 USD, o que equivale a um retorno de 1,89 %. Também obtivemos um número de Rel menor, o que não é tão bom. O drawdown máximo recebido de 289 foi muito superior ao lucro da soma. Obviamente, fiquei insatisfeito com estes resultados.

Resumo

Tomamos diversas medidas para melhorar a estratégia do Dia da Semana. O que podemos dizer com certeza é que você não vai ganhar dinheiro quando incluir o custo da transação na estratégia básica. Esta estratégia funciona melhor no mercado de tendência de alta. Como trader experiente, acredito que o problema pode ser o cronograma. A estratégia poderia ter sido mais lucrativa, mas não estávamos dando tempo suficiente para isso. O stop-loss em 50 pips é suficiente, mas, por outro lado, fechamos nosso trade na segunda-feira, quaisquer que fossem os resultados. Há uma necessidade de mais refinamento. Manteremos a mesma estratégia de entrada, mas a administração do trade precisa ser diferente. Ao fazer trade com isso, precisaremos incluir uma função de tirar proveito da volatilidade semanal ou do trailing stop. Estas melhorias necessárias serão vistas nos próximos capítulos.

CAPÍTULO 2:
PRIMEIRO REFINAMENTO: ESTRATÉGIA DE EFEITO DO DIA DA SEMANA

Avançamos para fazer nosso primeiro ajuste à estratégia do Efeito Dia da Semana a partir do último capítulo. O que eu vou apontar como a fraqueza do Efeito Dia da Semana é a forma tradicional de negociá-lo. Esta fraqueza é fechar o trade na segunda-feira de manhã, porque você está correndo algum risco, mesmo quando está usando um stop-loss. Entretanto, se você não estiver dando tempo suficiente ao trade, não terá o máximo lucro possível. Uma regra de negociação simples, mas respeitada, é "cortar suas perdas e deixar seus lucros correr".

Depois de examinar a estratégia, percebi que ela só rendia dinheiro porque tinha alguns bons negócios que movimentavam 300-400 pips durante um dia. Infelizmente, isto é pouco frequente e inclui, muitos drawdowns que eu preferiria não ter em meu portfólio. Agora veremos a diferença no patrimônio utilizando algumas maneiras diferentes de administrar o trade, nosso sinal de entrada permanece o mesmo. Você também verá por que é importante incluir a volatilidade no planejamento.

Método

Usando o mesmo sinal de negociação, mas na sexta-feira abrimos com 20EMA>60EMA (desta vez excluímos os 100 EMA). O tamanho do lote será de 0,1 e o saldo inicial da conta será de 10.000 USD. A declaração de encerramento da segunda-feira é removida e apenas temos um stop-loss e take-profit. Dividimos os dados, na amostra e fora de amostra. Na amostra, otimizaremos os diferentes parâmetros e depois faremos um teste fora de amostra para ver se a estratégia otimizada funciona bem ou não. Também aumentamos o alcance dos nossos dados na amostra para 01.01.1990-01.01.2012. Usaremos um stop-loss apertado, trailing stop e breakeven, chamamos este método de No Vols, porque não incluiremos a volatilidade em nenhum dos testes.

Stop-Loss e Take Profit

Nossa estratégia otimizou o stop-loss e o take-profit entre 100 - 600 para ver se os resultados se mantêm. O stop-loss foi otimizado em 400 e o take-profit em 600. Recebemos um lucro total de 86.413 e um número de Rel de 7,09 que ainda não podemos comparar porque neste teste incluímos 11 anos adicionais de dados anteriores. É necessário combinar isto com outros métodos de gestão de trade e ver qual é o melhor a ser gerenciado após uma operação ter sido executada. O que podemos comparar é o lucro médio, que aumentou para 138, onde não foi superior a 2,2 no teste anterior, só porque permitimos que nosso trade funcionasse por mais tempo.

Methode	Average profit	Sum profit	Total # of trades	Winning # of Trades	Standard deviation of profit	Rel #
Only SL & TP	138 $	86,413	357	626	486.8007082	7.09

Gráfico mostrando equidade com apenas stop-loss e take-profit. Aqui e em outros gráficos SL=Stop Loss e TP=Take-profit

Stop-loss, Take-profit e Break-even

A maioria dos traders estão familiarizados com o break-even. É aqui que você altera suas paradas quando o mercado moveu uma certa quantidade a seu favor, isto foi incluído em nossa estratégia. O break-even é bom de se ter porque se você não usar um, há o risco de que, após ter um lucro, você termine o trade com uma perda. Vimos um lucro de 71.480 USD e 6.99 de número de Rel, um pouco menor do que sem o uso do break-even. Diminuiu a volatilidade da curva de equidade, mas também diminuiu o lucro, o que significa que às vezes fomos suspensos porque mudamos nosso stop-loss para break-even, então isto é uma troca entre risco/recompensa, você diminui seu risco, você também recebe menos retorno.

Methode	Average profit		Sum profit	Total # of trades	Winning # of Trades	Standard deviation of profit	Rel #
Only SL & TP	138	$	86,413	357	626	487	7.09
SL & TP & Breakeven	114	$	71,480	428	626	408	6.99

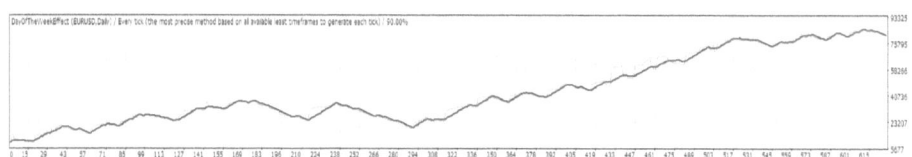

Gráfico mostrando equidade também com função de equilíbrio, temos uma curva de equidade um pouco mais suave

Stop-loss e Trailing stop

Nesta estratégia, utilizamos Médias Móveis, estávamos colocando trades quando o mercado estava em uma tendência de alta. É importante que você se lembre do ditado do trader: "corte suas perdas e deixe seu lucro correr". É correto ter um stop-loss, mas um take-loss predefinido limitará nossos lucros em uma tendência de alta porque não sabemos exatamente quão alta ela será. Portanto, tivemos que excluir o take-loss e, em vez disso, incluir uma função de parada trailing stop. Aumentamos nosso lucro médio para 350 por trade, aumentamos nossos lucros para 213.636 e nosso número de Rel para 9,89. Quando incluímos a função de break-even, obtivemos apenas 151.194 lucros e 8,20 de número de Rel que foi inferior ao que recebemos com o uso de apenas um stop-loss e trailing stop. Não vou incluir a função de ponto de equilíbrio no futuro para esta estratégia. Vamos acompanhar a parada abaixo dos pontos mais baixos recentes.

Methode	Average profit		Sum profit	Total # of trades	Winning # of Trades	Standard deviation of profit	Rel #
Only SL & TP	138	$	86,413	357	626	487	7.09
SL & TP & Breakeven	114	$	71,480	428	626	408	6.99
SL & TP & Trailingstop	350	$	213,636	305	610	875	9.89
SL & TP & Breakeven & Trailingstop	242	$	151,194	425	626	737	8.20

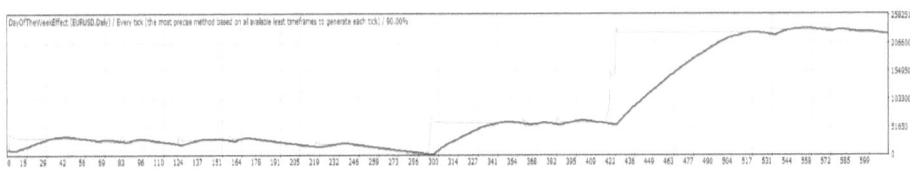

Gráfico mostrando equidade com apenas a função stop-loss e trailing stop

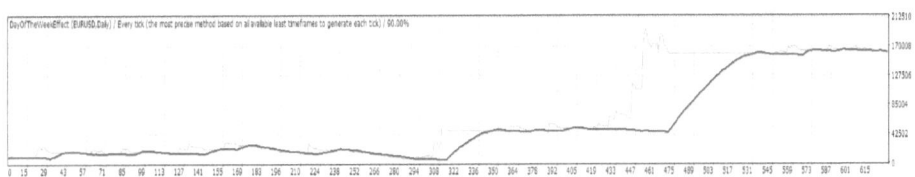

Gráfico mostrando equidade apenas com função stop-loss, break-even e trailing-stop

Teste de Fora de Amostra

O período de testes fora da amostra foi de 01.01.2012-01.09.2016. Vivenciamos resultados decepcionantes, para ser mais direto, perdemos todo o nosso capital de negociação e paramos de operar. Como traders, queremos saber se nossos resultados serão válidos no futuro. Sabemos que existem diferentes maneiras de administrar trades que irão melhorar nossos resultados.

A volatilidade é muito importante, o EURUSD tem sido negociado em uma faixa desde 2014, portanto você não deve usar stop-loss e ter lucro otimizado no período anterior, nenhuma das ferramentas de gestão de trade é dinâmica ou válida sem levar em conta a volatilidade.

Methode	Average profit		Sum profit	Total # of trades	Winning # of Trades	Standard deviation of profit	Rel #
Only SL & TP	138	$	86,413	357	626	487	7.09
SL & TP & Breakeven	114	$	71,480	428	626	408	6.99
SL & TP & Trailingstop	350	$	213,636	305	610	875	9.89
SL & TP & Breakeven & Trailingstop	242	$	151,194	425	626	737	8.20
Out of Sample	-127	$	(9,770)	22	77	216	-5.16

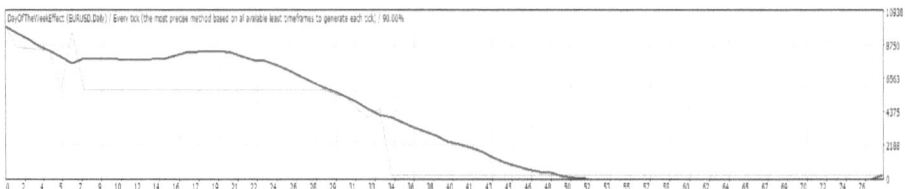

Gráfico mostrando a equidade dos resultados dos testes fora de amostra

Resumo

Mostramos a importância de diferentes estilos de gestão de trade e a importância da volatilidade em nossa estratégia. O mercado atual pode ser diferente do mercado que tivemos durante nosso período de testes. O EURUSD foi nosso par de teste e, como segundo plano, em 2013, os mercados de ações americano e europeu estavam em alta, as pessoas estavam esperando por uma queda ou uma desculpa para que este par de moedas saísse do padrão de continuação. O par tinha sido negociado dentro de uma faixa apertada e os agentes do mercado queriam uma quebra tanto para cima quanto para baixo.

É importante ter em mente que sua estratégia falhará se você não levar em conta a volatilidade do mercado. Se você estiver negociando durante o dia e usar um stop-loss de 20 pips e um take profit de 100 pips, mas você vê que em média a faixa diária tem sido de 60 pips, você nunca atingirá seu take profit. Se você tiver uma estratégia de tendência, você nunca alcançará o potencial total do trade se você apenas usar o take profit, é muito melhor seguir o stop abaixo da alta ou baixa recente. Você pode ver no gráfico da curva de equidade onde só tivemos um stop-loss e trailing stop na primeira metade do trade, não obtivemos muitos lucros. Isto porque naquela época o intervalo não era tão amplo. Portanto, usar apenas o take profit e o stop-loss não trará resultados ideais. Uma alternativa é reotimizar os parâmetros a cada mês usando os dados do ano anterior ou os dados trimestrais. Eu prefiro usar parâmetros baseados na volatilidade.

CAPÍTULO 3:
EFEITO DO DIA DA SEMANA: INTRODUZINDO A VOLATILIDADE

Nos capítulos anteriores, nos concentramos no Efeito da anomalia do Dia da Semana e em como elo pode ser melhorado. Continuaremos a aprimorar a estratégia introduzindo volatilidade. Qualquer trader lhe dirá que a volatilidade é dinâmica e que está em constante mudança. Às vezes temos volatilidade excessiva, outras vezes temos uma contração. Se você otimizar sua estratégia quando o mercado tem volatilidade excessiva e então no tempo de execução da negociação há uma diminuição da volatilidade, você provavelmente não atingirá seu nível de take-profit. O que você vai experimentar é que suas paradas são frequentemente atingidas. É importante que seus níveis de risco e recompensa sejam uma função da volatilidade atual do mercado. Logo antes do Brexit, por exemplo, o GBPUSD movia muito mais do que seu padrão normal de movimentação de preços. Vimos um excesso de volatilidade porque havia inúmeros relatórios de notícias conflitantes e muitas vezes confusos antes da última votação. Se você, como day trader, tivesse colocado um trade com um stop-loss de 20 pips, você teria muitas vezes experimentado que sua negociação atingiria o stop-loss e então reverteria rapidamente após atingi-lo. Mostramos anteriormente como os resultados podem ser pobres quando não fizemos cálculos para a volatilidade. Agora vou mostrar a diferença de quando você inclui a volatilidade em sua gestão trade.

Método

Mantendo nossa estratégia de Efeito Dia da Semana, abriremos o trade no primeiro dia da semana na sexta-feira. O par de testes é o mesmo utilizado nos exemplos anteriores, EURUSD. Nosso período de testes na amostra é 01.01.1990-01.01.2012. O saldo inicial será de 10.000 USD e o montante por trade será de 0,1 lote. Vamos implementar uma mudança em nosso sinal de entrada em relação ao nosso último teste. Mencionamos anteriormente que esta estratégia é uma estratégia de tendência, em outras palavras, nós compramos se a tendência for alta. Isto se aplica tanto às tendências de longo como de curto prazo. Como traders, sabemos que isto também pode nos dar muitas execuções de stop-loss se o mercado exceder. Se apenas entrarmos e comprarmos ao preço de mercado, ele estará em uma faixa de variação e isto normalmente dá uma má relação de risco-retorno para o topo mais recente. Portanto, é melhor comprar em pullbacks porque assim você tem mais distância do topo anterior, e uma melhor relação de risco-recompensa. A execução é a seguinte: a tendência a longo prazo 20, nosso EMA está acima dos 60 EMA, porém a tendência a curto prazo os 5 EMA estão abaixo de nossos 20 EMA. É sexta-feira, abrimos o trade com nossas configurações. Não compramos cegamente, **mas** na retaguarda, como os traders experientes gostam de fazer. Teremos menos trades, mas isto é bom.

Stop-loss dinâmico e Take-profit

Ajustamos nosso stop-loss e take-profit como funções da volatilidade atual. Isto implica que ele se ajustará de acordo com a volatilidade atual e, em seguida, otimizamos os diferentes parâmetros. Recebemos os seguintes resultados:

Method	Average profit	Sum Profit	# of winning trades	# of total trades	Standard deviation	Rel number
SL & TP	26.0	4497	98	173	234	1.46

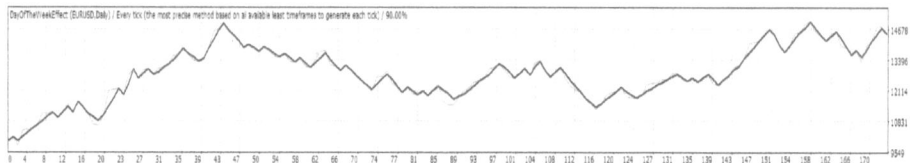

Gráfico mostrando a curva de patrimônio utilizando apenas o stop-loss de volatilidade e take-profit.

Obtivemos lucro total de 4.497 durante o período de teste e número de Rel de 1,46 e lucro médio de 26.

Stop-Loss, Take-Profit e Break-Even Dinâmicos

Vamos agora introduzir um break-even que será uma função da volatilidade atual e com isso aumentamos o lucro médio para 33,9, o lucro da soma para 5.687 e o número de Rel para 2,05. Houve uma diminuição da volatilidade na curva do patrimônio, e também algumas de nossas operações perdedoras se tornam operações vencedoras ao adicionar o break-even. Usando esta função, também bloqueamos algum lucro acima de nosso preço de entrada.

Method	Average profit	Sum Profit	# of winning trades	# of total trades	Standard deviation	Rel number
SL & TP	26.0	4497	98	173	234	1.46
SL & TP & Breakeven	33.9	5867	108	173	218	2.05

Gráfico mostrando a curva de equidade usando apenas o stop-loss de volatilidade, take-profit e break-even, obtivemos uma curva de equidade mais suave.

Trailing Stop

Quando estamos usando o trailing-stop abaixo da altura inferior anterior, temos alguma distância abaixo do baixo daquele candelabro. Introduzirei também esta distância entre a altura mais baixa anterior e o stop-loss, em função da volatilidade recente. Em essência, não temos um stop-loss, permitimos que o trailing-stop faça o trabalho, com isso vimos os seguintes resultados:

Method	Average profit	Sum Profit	# of winning trades	# of total trades	Standard deviation	Rel number
SL & TP	26.0	4497	98	173	234	1.46
SL & TP & Breakeven	33.9	5867	108	173	218	2.05
Trailing stop	87.4	15119	68	173	370	3.11
Trailing stop + Breakeven	95.8	16572	90	173	360	3.50

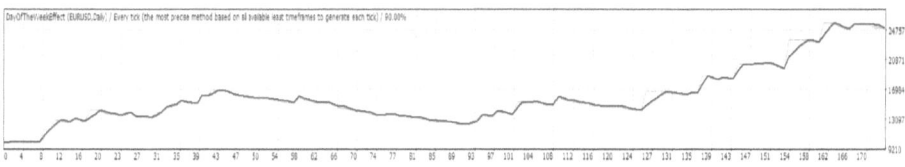

Gráfico mostrando a curva de equidade com apenas trailing-stop

Gráfico mostrando a curva de equidade com apenas trailing-stop e break-even

Vemos que, usando o trailing-stop, quase triplicamos nosso retorno médio, mas obtemos menos traders vencedores porque, mas em geral, aumentamos nosso lucro total para 15.119, além disso, o número de Rel aumentou para 3,11, o que é uma melhoria. Em seguida, introduzimos uma função de break-even na qual fixamos alguns lucros após a movimentação do mercado, o que também é uma função da volatilidade. Aumentamos nosso lucro e número de Rel para 3,5, uma diferença perceptível. A última vez que introduzimos a função de break-even, obtivemos resultados piores do que quando a mantivemos fora. Desta vez, quando o break-even é uma função da volatilidade, obtivemos melhores resultados. Entretanto, o que é mais importante são os resultados fora da amostra.

Teste Fora de Amostra

Temos aperfeiçoado a estratégia e o objetivo é otimizá-la em dados de amostra e obter bons dados fora de amostra. Os dados fora da amostra é 01.01.2012-01.09.2016.

Method	Average profit	Sum Profit	# of winning trades	# of total trades	Standard deviation	Rel number
SL & TP	26.0	4497	98	173	234	1.46
SL & TP & Breakeven	33.9	5867	108	173	218	2.05
Trailing stop	87.4	15119	68	173	370	3.11
Trailing stop + Breakeven	95.8	16572	90	173	360	3.50
Out of sample test	37.3	1232	20	33	185	1.16

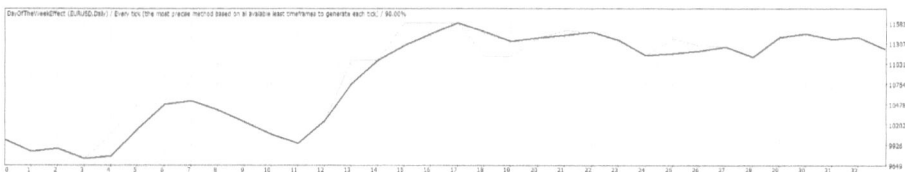

Gráfico mostrando o teste fora de amostra

Obtivemos um lucro total de 1.232 e número de Rel para 1,16, e 20 dos 33 trades foram lucrativos. Na verdade, estou satisfeito com os resultados porque o par, embora tenha tido uma tendência de queda no início de 2014, acabou variando para o final do ano. Esta estratégia de tendência de alta permaneceu nos mesmos níveis durante um período de limite de variação, o que é bom. Na maioria das vezes, nos casos em que o mercado passa de um sentimento para outro, as pessoas geralmente experimentam perdas enormes. No entanto, na maioria das vezes permanecemos no mesmo nível com apenas pequenos drawdowns.

Resumo

Não há muito mais a mudar ou ajustar neste método. É hora de decidirmos se a estratégia do Efeito Dia da Semana pode ou não ser usada. Minha conclusão é que ela pode ser utilizada e ainda é válida, mas não da maneira antiga que os traders a utilizaram para administrar os trades. Você deve usar os eventos de break-even e trancar algum lucro quando o trade tiver mudado seu caminho. Vimos que quando não contabilizamos a volatilidade, obtivemos resultados muito melhores na amostra. Perdemos então todo o nosso dinheiro no período fora da amostra, quando não levamos em conta a volatilidade. Mas quando otimizamos a contabilização da volatilidade, obtivemos resultados aceitáveis fora de amostras.

Eu não recomendaria a ninguém que colocasse todo seu dinheiro em um só par. É essencial que você diversifique seu risco entre pares de moedas não correlatas e títulos não correlatos. Portanto, se um par estiver variando, não ganhando muito dinheiro ou tendo uma perda, o outro estará em uma tendência de alta. Suas perdas no par de variação ou título serão compensadas por seus maiores lucros com a moeda/segurança que está em uma tendência. Executei esta estratégia tentando comprar em dias diferentes, segunda-feira, terça-feira, etc., usei as mesmas configurações para administrar os trades, também recebi o resultado de que sexta-feira foi o melhor dia para comprar em um mercado com tendência de alta para o teste.

CAPÍTULO 4:
QUAIS SÃO OS LUCROS REALISTAS A SEREM ALVEJADOS NO MERCADO?

Quando muitas pessoas começam a negociar, inclusive eu mesmo, muitas vezes nos dizem que é uma boa maneira de ganhar dinheiro em um curto período de tempo. Eu desenvolvi algumas estratégias e elas se saíram bem para começar, mas se elas também tivessem incluído grandes drawdowns. Com estes tipos de resultados é fácil para se concluir que deve ter havido algo errado com a estratégia. A certa altura eu tinha 20% de retorno por mês, o que significava que eu estava duplicando meu capital em seis meses. Em alguns meses eu tinha até mesmo 30% de retorno.

Por melhores que fossem os retornos, os dramáticos drawdowns eram um sinal de que as coisas estavam longe de serem perfeitas. Eu então parti em uma missão na tentativa de descobrir quais eram os limites e o que eram os retornos realistas. Por onde começar? devo ler os fóruns? Na verdade, não, eles normalmente estão cheios de pessoas inseguras se gabando de duplicar suas contas em um mês, etc., sem lhe dar acesso aos dados de trades deles. Infelizmente, até mesmo os dados de trade podem ser falsificados.

Eu queria saber como outros profissionais estavam se saindo, comparando meus resultados com os resultados dos traders institucionais. Estas são as pessoas que recebem salários generosos e bônus para ganhar dinheiro negociando/investindo para os grandes fundos de investimento e bancos.

Para atingir meus objetivos de pesquisa, existem ferramentas úteis como o Barclay Currency Traders Index e o Barclay Systematic Traders Index. Eles rastreiam os resultados de mais de 400 operadores de moedas manuais e sistemáticos auditados de longo prazo.

Traders Sistemáticos

1980	-	1993	8.19%	2006	2.10%
1981	-	1994	-3.18%	2007	8.72%
1982	-	1995	15.27%	2008	18.16%
1983	-	1996	11.58%	2009	-3.38%
1984	-	1997	12.76%	2010	7.82%
1985	-	1998	8.12%	2011	-3.83%
1986	-	1999	-3.71%	2012	-3.20%
1987	63.01%	2000	9.89%	2013	-1.10%
1988	12.22%	2001	2.99%	2014	10.32%
1989	1.18%	2002	12.09%	2015	-2.92%
1990	34.58%	2003	8.71%	2016	0.32%[*]
1991	13.37%	2004	0.54%		
1992	3.25%	2005	0.95%		

[*]Estimated YTD performance for 2016 calculated with reported data as of October-21-2016 12:08 US CST

At a Glance from Jan 1987

Compound Annual Return	7.56%
Sharpe Ratio	0.34
Worst Drawdown	22.07%
Correlation vs S&P 500	-0.04
Correlation vs US Bonds	0.11
Correlation vs World Bonds	-0.04

O lucro anual composto desde 1987 é de 7,56%.

Os Traders de Moedas

At a Glance from Jan 1987

Compound Annual Return	6.54%
Sharpe Ratio	0.32
Worst Drawdown	15.26%
Correlation vs S&P 500	-0.02
Correlation vs US Bonds	0.13
Correlation vs World Bonds	-0.02

1980	-	1993	-3.33%	2006	-0.12%
1981	-	1994	-5.96%	2007	2.59%
1982	-	1995	11.49%	2008	3.50%
1983	-	1996	6.69%	2009	0.91%
1984	-	1997	11.35%	2010	3.45%
1985	-	1998	5.71%	2011	2.25%
1986	-	1999	3.12%	2012	1.71%
1987	29.56%	2000	4.45%	2013	0.87%
1988	4.28%	2001	2.71%	2014	3.35%
1989	18.89%	2002	6.29%	2015	4.65%
1990	57.74%	2003	11.08%	2016	0.25%[†]
1991	10.94%	2004	2.36%		
1992	10.27%	2005	-1.21%		

[†]Estimated YTD performance for 2016 calculated with reported data as of October-21-2016 12:08 US CST

Os traders de moedas experimentaram 6,54% de lucros anuais compostos desde 1987.

O melhor fundo teve lucro/máximo de 1, mas a média foi de 0,5 para todos os fundos. Isto significa que os "grandes" também experimentaram drawdowns que foram o dobro dos retornos. Com uma visão de longo prazo, eles tiveram lucro no geral.

CAPÍTULO 5:
CRESCIMENTO RÁPIDO A CURTO PRAZO VS. CRESCIMENTO LENTO A LONGO PRAZO

Vamos examinar duas formas de operar no mercado, a curto prazo com crescimento rápido e a longo prazo com crescimento lento. O motor por trás do crescimento rápido é a alta alavancagem que os traders têm acesso nos mercados. Esta alavancagem permite negociar com muito mais exposição ao mercado do que os fundos que você tem disponíveis em uma conta. Isto também significa que você pode se abrir a riscos adicionais, alguns podem até dizer que você está apostando. O risco de uma perda total de capital pode ser alto. O aumento do risco está associado à oportunidade de ter um crescimento mais rápido. A segunda abordagem é desenvolver estratégias que lhe deem lucros menores e, ao mesmo tempo, menor risco.

A primeira abordagem (rápida e de alto risco) é considerada por muitos como sendo apostar com seu capital e tem regularmente uma alta taxa de fracasso. O sucesso, quando ele ocorre, deve-se em grande parte à sorte aleatória e geralmente não dura um período de tempo significativo. Há apenas uma pequena porcentagem de pessoas que tentam o método rápido e de alto risco que ganha qualquer recompensa financeira.

Alguns dos indivíduos que obtêm lucros significativos através de seus empreendimentos iniciais de alto risco, alavancam seu sucesso para viver desse capital mais tarde através de métodos de menor risco. Entretanto, como foi dito, o risco de uma perda total de capital é alto e as probabilidades de sucesso são baixas. Sugiro que você se esforce para construir capital gradualmente com uma estratégia de baixo drawdown para manter as perdas pequenas.

O comércio de Forex consiste em fazer operações calculadas, tendo em mente a preservação do capital e a gestão de riscos. Seu objetivo inicial é sobreviver no mercado. A sobrevivência é uma das coisas mais importantes para um trader e a razão pela qual a preservação do capital deve ser executada de forma agressiva. Controlar o risco deve ser uma prioridade antes de buscar o lucro. Você precisa considerar mais como evitar perder dinheiro para o mercado do que quanto capital você quer obter. Como eu digo nas aulas que ensino "torne o fracasso sobrevivível". Com esta base e compreensão que você tem, podemos avançar para o próximo conjunto de estratégias.

Você pode verificar os Índices Barclays aqui:

http://www.barclayhedge.com/research/indices/cta/sub/sys.html

CAPÍTULO 6:
GRANDES TRADERS VS. PEQUENOS TRADERS

N este capítulo revelarei mais informações sobre os mercados financeiros, especialmente as diferenças entre o trader pequeno comum e as instituições.

Fazer a Média do Preço Não Faz Sentido

Quando eu comecei a trabalhar como trader, era comum ouvir "faça a média do preço". Inicialmente soava estranho e não fazia muito sentido para mim. Por que as pessoas deveriam comprar mais de um título se ele estava caindo? Apenas tente pensar nisso como uma pessoa racional, você investiria mais dinheiro onde você já está passando por perdas? Não, e isso também não faz sentido para o investidor médio. Também nos foi dito "corte suas perdas e deixe seu lucro correr", e isso é uma estratégia de trade muito boa. Outra das primeiras lições foi que deveríamos ter pelo menos uma relação de risco/retorno de 1:2. É de nossa natureza como oportunistas, geralmente preferimos apostar quando a expectativa de ganho está mais a nosso favor. Isto é especialmente verdade quando sabemos que o dinheiro que estamos investindo, pelo menos o duplicaremos quando estivermos certos, e perderemos menos se estivermos errados. Mesmo um idiota com apenas uma banana não quer apostar se sabe que não vai render pelo menos duas, nós queremos o dobro da quantia que estamos arriscando.

Nada é Gratuito, Você Tem Que Pagar Até Por Água

Quando você encontrar uma boa receita, e se seguido passo a passo você deve ter um bolo saboroso ou um prato delicioso na sua frente. Foi-lhe dito que se seguido exatamente, você obteria este resultado. De maneira semelhante, o que nós, traders/investidores, fazemos é acreditar que se lermos livros, ou assistir a vídeos e simplesmente seguir essas instruções, teremos um plano sólido que nos ajudará a ter sucesso. No entanto, o que estamos esquecendo, o que às vezes é dito nestas fontes, é que nós pagamos para aprender trade. Os lucros não vêm sem risco. Você tem que arriscar uma certa quantia de dinheiro para obter dinheiro do mercado. Você lerá sobre a tradicional relação 1:2 entre risco e recompensa. O que eles lhe oferecem é um custo da relação entre o livro e a riqueza. É improvável que alguém dê suas estratégias comerciais completas sobre como se tornar milionário ou bilionário em um livro de 25 dólares enquanto lhe ensina a ter uma relação risco/recompensa de 1:2. Não é a história completa, a relação 1:2 tem seus méritos, mas ninguém fará essa negociação com você, até mesmo um tolo recusará sua oferta de 25 dólares se souber que alguns enriquecem rapidamente com uma estratégia que *realmente* funciona. Outra razão pela qual NÃO são feitas reivindicações de riquezas instantâneas em qualquer parte deste livro.

Nos mercados, é você contra o resto do mundo do trade, as chances de vencer são melhores para os mais preparados. Quando você ganha dinheiro, alguém do outro lado está perdendo algum, não é como ganhar lucros com frutas que você está colhendo. Lembre-se de que você está tirando dinheiro do bolso de alguém e eles não vão permitir que isso aconteça facilmente. Mesmo retirar seus próprios fundos de um banco tem uma taxa nos dias de hoje, e sim você paga até pela água que vem de uma fonte natural gratuita.

Solução para o problema

Suponhamos que você tenha usado 4 anos de seu tempo livre, fins de semana e noites para se tornar um trader de sucesso. Você leu todos os livros em que poderia pensar. Leu inúmeras fontes online que deveriam ajudá-lo a ter sucesso, mas nada ajudou. Então você começa a pensar sobre o que poderia estar errado com sua abordagem quando parece que outros estão acertando. Um erro crucial no julgamento foi confiar cegamente em parte da literatura escrita sobre investimento. Depois de algum pensamento, você teria concluído que nada é gratuito e, se existe, é bom demais para ser verdade. Esta foi a experiência de um trader amigo meu. Ele então começou a acrescentar livros de filosofia à sua lista de leitura. Os filósofos são pensadores críticos, isso o ajudou a tornar-se crítico e a pensar de forma diferente, que são grandes qualidades para se ter como comerciante.

Como eu me lembro, meu amigo nem confia nos médicos. Para muitas pessoas, os médicos são uma das profissões em que eles mais confiam. Você provavelmente confiaria mais em um médico do que em um banqueiro. Esse impulso de confiança não é tão direto como você pensaria. A literatura sobre saúde, assim como a literatura financeira, também é baseada em estudos empíricos e descobertas onde você tem uma hipótese que você tenta rejeitar ou provar ser significativa. Você tenta ligar uma causa e um resultado, se você fizer A, então B acontecerá. Tenha em mente que estes estudos, em números visíveis, são expostos a muita aleatoriedade que os autores provavelmente tentaram "vender" a você ou adequando uma teoria aos resultados. Isto me faz lembrar o ditado: "Se você torturar os dados o suficiente, ele confessará". Também nestes estudos há uma chance de 5% de que os resultados possam estar errados ou não ser significativos. A lição é ser mais minucioso e não aceitar informações sem uma avaliação racional antes de tomar sua decisão.

Para reforçar meu ponto de vista, você deve tentar comprar uma ação (em uma conta de demonstração) na próxima vez que um jornal financeiro tiver informações sobre o aumento dos lucros relatados por uma empresa cotada em bolsa. Isto proporcionará uma compreensão prática sobre o que estou escrevendo. Já vi muitas vezes que uma ação despenca após tal "boa" notícia. Quem paga a conta? o investidor médio, quem ganha o dinheiro? os profissionais, claro, é por isso que recomendo esta prática de pensar criticamente e aprender com as pessoas que estão negociando. Por exemplo, Warren Buffet é conhecido por tomar boas decisões de investimento que você também poderia copiar, mas você precisa ter os mesmos objetivos que ele tem. Ele é um investidor de valor a longo prazo.

A Verdade Desagradável

Esta verdade está relacionada à forma como os fundos de hedge e de pensão profissionais negociam seu dinheiro. Para aqueles que procuram ou precisam de outra perspectiva sobre isto, sugiro que assistam ao filme "A Grande Aposta". Se você não tiver tempo para ver o filme completo, você pode assistir aos trailers no YouTube para ter uma ideia do que se trata. No filme, os grandes fundos de investimento venderam e venderam ainda mais quando suas posições iniciais estavam sofrendo perdas. Estes agentes do mercado conseguiram manter suas posições porque pediram dinheiro emprestado para as exigências de margem. No filme, eles detalharam como essas pessoas fizeram bilhões de dólares na última crise financeira. Inicialmente, eles estavam curtos e quando o mercado subiu, eles entraram em ficaram ainda mais curtos pelo preço mais alto, a propósito, eles não usaram um stop-loss.

Mais sobre stop-losses. Investidores como o Warren Buffet não operam no mundo de stop-losses. Eles não procuram sair com a queda no preço de uma posição longa. Os investidores institucionais e Buffet não estão usando stop-losses e podem se dar ao luxo de não o fazer porque têm bolsos fundos. Os fundos de investimento podem permanecer em uma posição de perda por muito tempo porque é apenas uma pequena parte de sua carteira maior e eles têm disponível uma quantidade quase inimaginável de capital para os requisitos de margem.

Isto é de um artigo no "MarketWatch" que diz que o Buffet comprou ainda mais em uma venda:

Warren Buffett mostrou que a venda das ações da Wells Fargo & Co. este ano acabou de fazê-lo amar ainda mais a gigante bancária, pois ele aumentou sua participação na empresa para 504,3 milhões de ações, de acordo com os registros regulatórios.

Wells Fargo WFC, -0.23% ação caiu 1.3% na terça-feira, o que sugere que Buffett perdeu cerca de $327,8 milhões em sua participação no dia.

Link para o artigo: http://www.marketwatch.com/story/warren-buffett-buys-more-wells-fargo-stock-on-a-dip-2016-03-29

O guru conseguiu ter uma posição aberta com um prejuízo de 327,7 milhões de dólares, em vez de mostrar quaisquer sinais de preocupação, passou a aumentar sua participação. O investidor médio teria dificuldade em manter uma cabeça fria com uma posição perdedora de alguns milhares de dólares (USD). Esperamos que a diferença esteja se tornando mais clara agora. Permitam-me explicar melhor como as coisas são muito diferentes quando um investidor médio negocia e quando as grandes instituições estão negociando.

Trader Médio:

Ele abrirá uma posição longa em uma segurança com muito risco de sua carteira total. Nosso trader sabe que se esta segurança cair abaixo de um certo valor, prejudicará sua conta e ele será impedido de sair. Também, se ele não fechar a posição, não haverá capital suficiente para novas negociações. Para evitar este cenário, o stop-loss é executado e uma perda é assumida na negociação. Nosso investidor encontra uma nova segurança e ele se recupera emocionalmente e repete a estratégia.

Os Grandes do Mercado:

Eles têm um plano de comércio, normalmente têm apenas uma pequena parte de sua carteira investida em uma única segurança e têm uma estratégia de saída. Eles também fizeram uma análise "e se" de seu trade antes de abri-lo. Se eles são longos e a segurança cai, é um jackpot potencial para eles. Estas instituições conseguem comprar mais a um preço mais baixo, depois compram novamente, talvez até o dobro de sua posição inicial. Se tudo der errado e o corretor der uma chamada de margem, eles apenas pedem dinheiro emprestado de sua rede ou negociam os requisitos de margem.

O que a maioria dos traders (não todos), menores e inexperientes não conseguem fazer? primeiro, é pedir emprestado grandes somas de dinheiro com facilidade, segundo, o que piora as coisas, eles geralmente não têm uma estratégia de saída ou um plano de trade. Muitos querem apenas abrir um comércio sem sequer pensar muito nisso.

CAPÍTULO 7:
A ESTRATÉGIA DE MARTINGALE EXPLICADA

Aqui destacarei e explicarei uma técnica que obteve lucros surpreendentes ao longo de 5-6 anos em nosso teste. Os resultados são revelados perto do final do capítulo!

A estratégia que vamos examinar se chama Martingale. Basicamente, ela requer que você aumente seu tamanho de lote e compre mais quando sua posição inicial estiver no vermelho. Você precisa ter alguma distância entre as ordens a fim de dar algum espaço a seu trade. A propósito, esta estratégia também é utilizada pelos apostadores, apenas para proporcionar total transparência e aviso.

Esta técnica de Martingale tem sido um dos meus interesses por algum tempo, mas foi difícil compreender completamente a técnica apenas através do trade manual. Portanto, meu colega e eu escrevemos um roteiro e criamos um algoritmo. Tínhamos um sinal de entrada que na verdade era ruim e, além disso, tínhamos um take-profit. O tempo utilizado era de 30 minutos e o tamanho do lote era de 0,01, com um saldo inicial de 10.000 USD.

Após a execução do trade inicial, colocamos 5 ordens de limite de venda pendentes acima de nosso sinal de entrada.

Você pode ver no gráfico que uma das ordens pendentes foi acionada e rapidamente após o fechamento de ambas as ordens no break-even.

Aqui está outro exemplo de nossa estratégia.

Aqui temos dois mecanismos de fechamento: um é usado somente se a ordem inicial for aberta, este é o gatilho da estratégia, outro é usado se uma das ordens pendentes for acionada, então fecharemos quando tivermos lucro total aberto de 0, ou break-even. Você pode ver que adicionar a uma posição perdida é usado como backup se estivéssemos errados. Eu não otimizei nada, o par de teste foi EURUSD e o período foi 01.01.2010-10.26.2010.

Obtivemos os seguintes resultados:

	Average profit	Sum profit	Winning trade	Total trades	Standard dev	Reinumber
0.1 Startoning lot	45	20066	244	450	307	3
0.9 Starting lot	401	180598	244	450	2763	3
0.9 Starting lot and stoploss	207	86784	227	419	2710	1.6

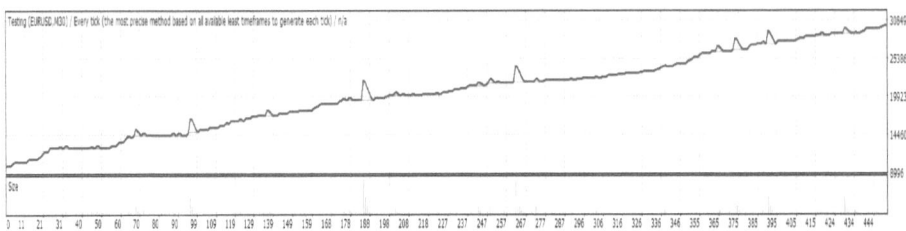

0,1 tamanho do lote inicial

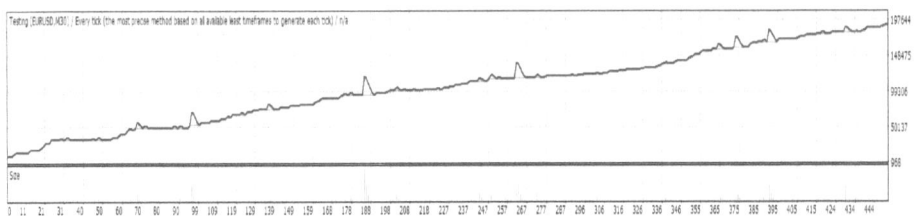

0,9 tamanho do lote inicial

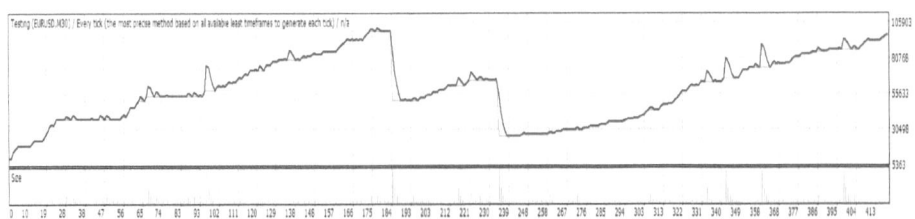

Com ordem stop-loss em vez da quinta ordem pendente

Fizemos um backtest tanto de baixo quanto de alto risco. No de baixo risco, seu lote inicial tem um tamanho de 0,1 e com o teste de alto risco, seu lote inicial tem um tamanho de 0,9. Com 0,1 tivemos cerca de 200% de retorno durante um período de 5 anos, com uma média de 40% de retorno anual e com o alto risco você tem retornos ainda melhores durante o período de 5 anos. Você pode ver que a curva do patrimônio aumentou linearmente, o que também é bom, você não experimenta um drawdown.

E se também incluíssemos uma rede de segurança para evitar a extinção total de uma conta? O que eu fiz foi ter 4 ordens pendentes e a última ordem pendente foi alterada com uma ordem de stop-loss, significando que acima desse nível todas as ordens abertas teriam sido fechadas. Eu vi um lucro menor, mas tivemos um aumento de 800% desde 2010. Você também vê pelo gráfico que tivemos alguns grandes drawdowns, para mim esta é uma boa estratégia em vez de ajustar outra para apenas ganhar dinheiro médio. Estou confortável com um certo risco, mas eu não teria arriscado mais de 10.000 dólares se quisesse investir nesta estratégia.

Resumo

Vemos que, se quisermos negociar como os grandes bancos, então precisamos jogar fora o stop-loss usando esta mentalidade. Quando as instituições estão em um modo de compra de uma segurança, elas realmente estão longas e se a segurança cai, então elas simplesmente compram mais a um nível inferior. Raramente, se alguma vez usarem um stop-loss. Elas operam sem paradas porque podem. O que os pequenos traders podem arriscar é uma chamada de margem ou uma parada se a segurança nunca se retrai. O que podemos fazer é talvez usar o stop-loss em adição, onde você só coloca 4 ordens de limite de venda, mas se o preço aumentar ainda mais, nós simplesmente fechamos todas as nossas ordens e assumimos a perda. Se eu fosse um investidor passivo, preferiria esta técnica do que sempre parar de ser caçado pelos corretores e perder nos trades. Esta estratégia deve ser considerada, mas de preferência com baixo risco, lotes pequenos e como parte de uma carteira mais ampla. Dê uma olhada no crescimento constante da curva do patrimônio, nunca tivemos um drawdown, o que é um bom sinal para fazer dinheiro como os grandes traders fazem.

CAPÍTULO 8:
ADICIONANDO AOS VENCEDORES – COMO OS PROFISSIONAIS GERENCIAM SUAS OPORTUNIDADES

C omo vimos, a estratégia Martingale é simplesmente comprar ainda mais quando o mercado vai contra você. Há também outra estratégia chamada de Anti Martingale. Para executá-la, você duplicará ou triplicará seu investimento quando estiver com lucro. Em nosso cenário, você entrou no mercado e tem uma ação longa com um preço de entrada de 50 dólares. Você também tem uma regra predefinida de que se o mercado se movimentar até $55, você moverá o stop-loss da primeira negociação para o break-even e abrirá outra negociação com o dobro do tamanho do lote. Seu preço alvo para ambas as negociações será de $60.

A vantagem da estratégia é que, se você estiver correto, ganhará muito mais dinheiro do que perderá quando estiver errado. O mercado não tem que se mover tanto, porque você aumentou seu valor de trade. Isto é conhecido como "adicionar aos vencedores". A desvantagem é que se o mercado se inverter depois de acionar sua segunda ou quinta ordem, você estará agora negociando com ordens adicionais e sofrerá perdas maiores.

Scenario 1						
Trades	**Amount**	**Price**	**SL**	**TP**	**Result**	
1	0.0100	1.5610	1.5600	1.5590		-10
Total						**-10**
Scenario 2						
Trades	**Amount**	**Price**	**SL**	**TP**	**Result**	
1	0.0100	1.5610	1.5600	1.5590		0
2	0.0300	1.5600	1.5610	1.5590		-30
Total						**-30**
Scenario 3						
Trades	**Amount**	**Price**	**SL**	**TP**	**Result**	
1	0.0100	1.5610	1.5600	1.5590		20
2	0.0300	1.5600	1.5610	1.5590		30
Total						**50**

Cenário 1: Apenas a primeira troca é acionada e o stop-loss é ativado se tivermos uma perda de -10.

Cenário 2: Ambas as negociações são acionadas, mas o stop-loss da primeira negociação é alterada para o break-even, mas se o stop-loss da segunda for acionado, teremos uma perda de -30.

Cenário 3: Ambas as negociações são acionadas, e ambas atingem o lucro, obtemos um lucro total de 50.

Sinal de Entrada

Se tivermos uma alta acima das Bandas de Bollinger e o candelabro depois de fechar abaixo do fechamento anterior, abrimos um pequeno trade. (ver gráfico)

Gerenciamento de Trade

Se o preço for acima de 100 pips, fechamos o trade. Se o preço for inferior a 100 pips do preço de entrada, abrimos uma segunda negociação com o dobro do valor como primeira negociação e também mudamos o stop-loss da primeira negociação para break-even. O stop-loss da segunda negociação é o mesmo que o preço de entrada da primeira negociação, que é 100 pips. Ambas as posições têm lucro de 200 pips de onde entramos na primeira negociação. Usamos uma distância baseada na volatilidade, nossa distância entre as ordens é uma função da volatilidade diária. Isto é importante porque, como mencionado anteriormente, a volatilidade é diferente em momentos diferentes.

A figura acima ilustra nosso sinal de entrada e a gestão do trade.

Instrumento de teste: EURUSD

Período de teste: 01.01.2009–01.01.2016

Saldo inicial: 10.000 USD

Cronograma: Gráfico de 4 Horas

Resultados do teste:

Average profit	Sum profit	Winning trade	Total trades	Standard dev	Relnumber
27	8949	140	330	206	2

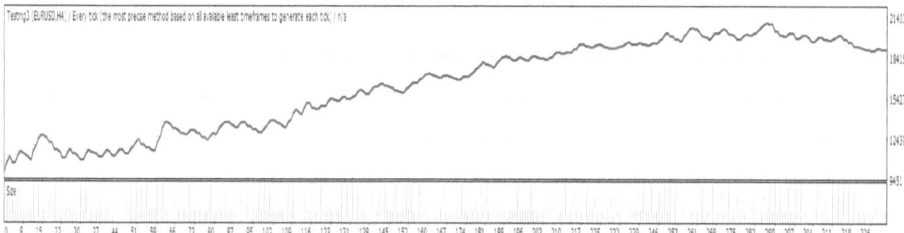

Durante um período de 7 anos tivemos cerca de 90% de lucro, de um total de 330 trades, 140 foram trades lucrativos. Você vê que a curva patrimonial também aumenta constantemente, o que é bom, temos algumas perdas e algumas vitórias, mas, em média, ganhamos dinheiro.

Resumo

Podemos concluir que esta ferramenta de gestão de trade é uma boa maneira de lidar com trades que não têm um bom perfil vencedor. Pode-se ver também pela curva de equidade que não experimentamos nenhum grande drawdowns. A chave é que você deve assegurar que a distância entre suas ordens seja uma função da volatilidade. Esta estratégia deve ser considerada se você estiver procurando uma alternativa à tradicional relação risco/recompensa 1:2 ou 1:3. Muitos traders profissionais utilizam esta estratégia com muito sucesso em suas negociações.

CONCLUSÃO

Obrigado por ter chegado até o final do Consultoria Especializada e Estratégias de Trade de Forex. Esperemos que tenha sido informativo e que tenha sido capaz de fornecer a você algumas ferramentas adicionais que o ajudarão a atingir seus objetivos de trade. Os próximos passos, como eu sempre recomendo em meus livros, é agir. Estabeleça uma conta de demonstração com seu fornecedor de trade favorito e teste as estratégias até alcançar os resultados que você precisa ver antes de abrir uma conta real.

Meus outros livros que comprovadamente ajudam traders e investidores são: *Análise Técnica para Forex Explicada* e *Programação Especializada de Consultores para Iniciantes: Estratégias de Lucro Máximo de Forex no MT4.*

PERFIL DO AUTOR

Wayne **Walker** é o diretor de uma empresa de educação e consultoria de mercados de capitais globais (gcmsonline.info). Ele possui muitos anos de experiência em liderar e treinar equipes de Consultores de Investimento e gerenciou equipes de alto desempenho no Grupo de Clientes Privados com base no Bench Mark Earnings (BME).